Fatture d'Amore

Rituali e incantesimi per attrarre l'amato

Robert Cavendish

Introduzione

La Magia dell'Amore è molto forte. Siate consapevoli che quando la praticate dovete assumervi la responsabilità di ciò che volete e di ciò che fate. Sii consapevole che ciò che desideri per gli altri tornerà a te, anche più forte di quello che hai inviato. Nella Magia dell'Amore, solo un'azione positiva otterrà un risultato positivo! Cercare di manipolare la volontà della persona desiderata è l'errore più frequente che le persone commettono e non può portare a risultati positivi. Pertanto, ti consigliamo di chiederti prima di decidere di usare la magia:

"Perché voglio quel partner? Quanto è profondo il mio amore? È vero amore o solo attrazione fisica?"

L'amore dà libertà al partner, pensa al suo benessere e alla sua felicità e non ha bisogno di cambiarlo.

Amore e Magia

L'Amore è all'origine del mondo, e rimane il fattore essenziale e l'ossessione eterna dell'umanità; la ragion d'essere, di vivere e di sperare, il perno fisso su cui gira il nostro globo, la causa e la finalità della maggior parte delle cose di quaggiù, la condizione stessa di ciò che c'è di più contrario: l'odio, generato il più delle volte proprio dall'Schopenhauer, il grande filosofo tedesco, ha scritto giustamente: "L'istinto sessuale è la più completa manifestazione della volontà di vivere; è dunque la concentrazione di tutta la volontà" Nulla di più vero, ed è sufficiente sbarazzarsi del velo di ipocrisia di cui malauguratamente l'uomo si ricopre per compiere il percorso del suo destino, per rendersi davvero conto che l'amore – e ci riferiamo all'amore sessuale, quello che trae origine nel legittimo e benefico desiderio carnale, avido di voluttà e delle gioie più sensuali – è nell'esistenza l'atto più importante, quello che per primo condiziona tutti gli altri atti. L'Amore regna, sovrano assoluto, sulla Vita e sulla Morte. Secondo le teorie gnostiche, è mediante un atto d'amore che il mondo venne creato: l'Assoluto, in un immenso coito cosmico generò il Pensiero, ed il Dio Uno divenne la splendida dualità, prima coppia di amanti perfetti, la sizygia voluttuosa il cui intenso desiderio avrebbe fatto nascere la materia. Inoltre, l'Amore presiede all'intera creazione e l'atto sessuale, compiuto in una selvaggia stretta da ogni coppia umana o animale, non è altro che la replica di quello che ci generò nel Tempo primordiale, nel grande empito del desiderio divino, di cui tutte le mitologie hanno conservato il ricordo più o meno velato nelle leggende dei poeti, che spogliate del loro rivestimento di favola, ci rivelano lo splendido viso del desiderio sessuale, della ricerca della voluttà, dell'Amore. Così Esiodo ci insegna nella Cosmogonia che l'Amore è il Padre degli Dei e degli uomini. L'Antichità intera deifica l'Amore, il sesso è all'origine di tutte le cerimonie cultuali, così com'è alla base di tutte le cosmogenesi. La Grande Dea, è la Femmina trionfante e dispensatrice di gioia in virtù del suo fascino e della sua grazia. La passione è sacra, e l'atto propagatore della specie mediante il piacere dei sensi, è un'atto religioso, oggetto di severe iniziazioni. Unica, la Bibbia giudaica getta sull'Amore un pesante mantello di biasimo. All'inizio della Genesi, vediamo che Adamo ed Eva passeggiano melanconicamente nel Paradiso Terrestre, ignorando completamente il fatto fascinoso di essere nudi. La prima donna è là, splendida nelle sue forme giovanili, auspice delle più incredibili voluttà. Ma la proibizione dell'irascibile e geloso Demiurgo è più forte del desiderio soggiacente, ed i nostri primi progenitori non conobbero la gioia di amare, fin quando Lucifero, sotto forma di serpente – un evidente simbolo – tentò Eva impartendogli i più sublimi insegnamenti col farla consapevole della sua femminilità. Ciò che successe poi è noto. Tuttavia una vecchia leggenda rabbinica ci assicura che per un lungo periodo Eva fu l'amante affascinata dell'angelo Samael, mentre Adamo gustava i piaceri della carne al fianco della bella ed oscura Lilith.

Questi amori di tempi elohimici ci offrono la chiave dei diversi temperamenti, poiché l'umanità deriva da una triplice unione primordiale: Adamo ed Eva, Adamo e Lilith, Eva e Samael. Bisogna aggiungere quella successiva che fu la conseguenza della Caduta degli Angeli. Episodio importante perché con il loro desiderio amoroso le creature celesti ci fecero conoscere la Magia. Un versetto del Genesi (VI,2) ci informa che "i Figli di Dio, vedendo che le figlie degli uomini erano belle, presero per compagne quelle che gli piacevano di più". La Bibbia non fa altri accenni a questa singolare vicenda d'Amore e dobbiamo riferirci al Libro di Enoch per avere qualche dettaglio aggiuntivo su questa splendida storia dell'arrivo degli Angeli del desiderio. Il Libro di Enoch, essendo considerato un apocrifo e poco conosciuto, noi riportiamo i frammenti che si riferiscono alla Caduta degli Angeli ed i benefici che ne derivarono per l'umanità delle origini: "In quei tempi in cui i figli degli uomini si erano moltiplicati, successe che gli nacquero delle figlie, belle e desiderabili. E quando gli Angeli, figli celesti, le ebbero contemplate, se ne innammorarono; e si dissero l'un l'altro: scegliamoci delle spose tra la razza umana, e generiamo dei figli. In numero di duecento essi scesero quindi su Aradis, luogo posto nei pressi del monte Armon. Ecco i nomi dei loro capi: Samyaza, loro comandante, Urakabaméel, Akibeel, Tamiel, Ramuel, Danel, Azkeel, Sarakmyal, Asael, Amers, Batraal, Anane, Zavebe, Samsavael, Ertael, Turel, Yomiael, Arazèal. Essi erani i capi di quei duecento angeli; e stavano tutti assieme. Essi scesero ognuno una donna; le si avvicinarono e coabitarono insieme; gli insegnarono la Magia, gli incantesimi e le virtù di radici ed alberi. Le ingravidarono e ne ebbero dei Giganti dell'altezza di trecento cubiti. Quest'ultimi divoravano tutto quanto gli uomini riuscivano a produrre, e divenne impossibile nutrirli. Azayel insegnò agli uomini a farsi delle spade e dei coltelli, degli scudi, delle corazze e degli specchi; gli insegnò la fabbricazione di braccialetti e monili, l'uso della pittura, l'arte di truccarsi gli occhi, delle pietre preziose ed ogni sorta di tinture, di modo che il mondo venne corrotto. Crebbe l'empietà; la fornicazione si moltiplicò; le creature trasgredirono e corruppero tutti i loro percorsi. Amazarak insegnò sortilegi di ogni genere, gli incantesimi e le virtù delle radici. Armers insegnò l'arte di sciogliere i sortilegi. Barkayal quella di osservare le stelle. Akibeel i segni e i caratteri magici. Tamiel l'astrologia. Asaradel i movimenti della luna". Si può immaginare quale scompiglio venne causato dalla discesa degli Angeli del desiderio. Le figlie degli uomini accolsero con folle entusiasmo i figli del Cielo di cui avevano attirato l'attenzione col loro gran fascino e spirito di seduzione. Del resto, piene di straripante sensualità, avide di carezze più esperte e al contempo più raffinate, esse si concessero in furiosi abbracci, fiere di venire scelte da amanti angelici e meravigliosi. Così nacquero i Giganti: "C'erano sulla Terra a quel tempo i Giganti – ci dice la Scrittura – dopo che i figli di Dio conobbero le figlie degli uomini e ne ebbero dei figli; questi eroi furono famosi nei tempi antichi". E' chiaramente evidente che la narrazione del Libro di Enoch è simbolica. Questi Giganti erano grandi solo come spiritualità, bellezza e vigore. Figli della minoranza angelica e delle più belle donne della Terra, essi si segnalarono sul pianeta quali istruttori dell'umanità, e allorchè il vecchio libro dice che essi divorarono ogni cosa e che era impossibile nutrirli, ciò significa che la loro avidità di sapere e di amare era senza confini, e che in un mondo ancora calato nelle tenebre dell'ignoranza, essi non riuscirono a trovare i mezzi per sostenere il loro bisogno di conoscenza e di amore. Il loro ricordo è ancora vivo: Ermete Trimegisto, Osiride, Orfeo, Apollonio, Merlino l'Incantatore e tanti altri; la Magia è il loro dono all'uomo decaduto; la Magia, opera di potenza e dominazione sulla Natura, arte e scienza allo stesso tempo, che può fare di un uomo debole un Dio, risvegliandogli dapprima i poteri nascosti, e dandogli in seguito il pieno possesso di questi poteri. La Scienza dei Magi, la si è avuta dagli Angeli del Desiderio e prima di tutto la conoscenza tradizionale dei segreti della Natura, ed è grazie a questa che l'iniziato si trova investito del potere sugli elementi, gli esseri e le cose, ed ottiene risultati meravigliosi, al di là della possibilità dell'uomo ordinario. Possiamo quindi dare della Magia, arte divina che illumina le pagine di questo piccolo libro, una definizione certa.

La Fattura

Le fatture d'odio e d'amore sono state fatte fin dalla più remota antichità. Costituiscono una parte, e non la minore, del rituale magico, e gli autori antichi ce ne hanno descritto le fasi che possono ricondursi ad una formula semplicissima: l'azione a distanza, su una persona, per inviargli la malattia e financo la morte, o per sottometterla e far nascere in essa un amore profondo per un'altra persona. Nella letteratura antica rinveniamo rituali di affatturamento, congiurazione, incantesimo; i mattoni cuneiformi ne contengono di curiosissimi, essi abbondano in Ovidio, Apuleio – il cui Asino d'Oro è un vero rituale magico -, Virgilio, Teocrito ecc. Sarebbe necessario un grosso volume per parlare di questo lascito magico dell'Antichità. Lo stesso serio Platone, nelle Leggi, allude ai facitori di piccole statuette di cera adatte agli incantesimi e ai carmi magici. Beninteso le stesse pratiche della fattura si ritrovano in Cina, in India e tra gli Amerindi, cosa che dimostra il loro uso anche nelle grandi civiltà precolombiane. Il reverendo Padre Charlevoix, missionario in Illinois, scrive che gli indigeni del paese "fanno delle piccole figurine per rappresentare quelli di cui vogliono accorciare l'esistenza e le trafiggono al cuore". Queste piccole statuette piene di mistero, che abbondano altresì nelle isole dell'Oceania, non son altro che oggetti rituali per la pratica delle fatture di odio o di amore. A riguardo raccomandiamo ai lettori lo studio di un'opera molto ben documentata: Fatture e Controfatture, dovuta alla penna di un'eminente occultista che si cela sotto lo pseudonimo di Reverendo Padre Sabazio. Si può anche consultare con vantaggio un opuscolo di Papus: Si può affatturare?. Nel Medioevo, la fattura o invossura, viene adottata da streghe e stregoni e tali pratiche costituiscono anche l'essenza del rituale satanico. Ci riserviamo uno studio più accurato per la nostra opera sul satanismo. Il carattere nettamente www.picatrix.comsatanico di queste pratiche è provato dal fatto che la fattura ovvero l'oggetto destinato a veicolare la sensibilità della vittima, è spesso battezzata, consacrata e "caricata" nel corso di una messa nera. Questa fattura è ordinariamente un'immagine di cera vergine in cui si incorporano dei capelli, ritagli di unghie e di pelle, frammenti di tessuto, di sangue ecc... Si modella in seguito questa cera sulla foggia della vittima e ciò che si fa subire poi a questa statuetta, doppione vivente sebbene in apparenza inanimato, è avvertito dalla persona di cui possiedono le fattezze e le sostanze organiche e inorganiche che gli conferiscono la sua sensibilità. Sfortunatamente, tali fatture non sono pratiche vane. Gli Ermetisti del Medio Evo e del Rinascimento ne hanno spiegato bene la dinamica. Paracelso ha descritto la legge occulta in base alla quale una parte di sensibilità di un soggetto si fissa per irraggiamento nell'immagine che si rappresenta su una materia qualsiasi. Il demonologo Jean Wier così descrive il procedimento dell'invossura: "Alcuni, pensando di poter nuocere ad altri, fanno un'immagine a somiglianza di chi vogliono colpire; la fanno con cera vergine o nuova e vi inseriscono il cuore di una rondine, sotto l'ascella destra, mentre pongono il fegato dell'animale sotto quella sinistra. Poi appendono al collo quest'effigie con un filo nuovo che appuntano in qualche membro con un ago nuovo, proferendo alcune parole che qui non cito, per tema che i curiosi ne abusino. A volte l'immagine è di bronzo e per maggiore efficacia, gli rivoltano le membra, mettendo un piede al posto di una mano o viceversa, e gli girano la testa verso la schiena. Per aumentare il danno foggiano un'immagine umana e scrivono un certo nome sulla testa; ai lati scrivono: Alif, Iafeil Zazahit mel meltat levatam lentace; poi la seppelliscono in una tomba. Allo stesso scopo, come lo chiamano, preparano due immagini, quando Marte è favorevole, una di cera, l'altra con la terra di un uomo morto; si chiude nella mano di una delle immagini un pezzo del ferro con cui è stato ucciso un uomo, nell'atto di colpire la testa della statuetta di colui che si vulol fare morire. Si scrivono due nomi in entrambe, con caratteri particolari preparati a parte e poi una delle due viene nascosta e posizionata in un luogo adatto". Per quanto l'impiego della bambolina di legno o di cera sia più diffuso, non è l'unico. I fattucchieri, qualche volta, al posto della statuetta, utilizzano un cuore di montone in cui infilano dei chiodi prima di seppellirlo o nasconderlo. Man mano che il cuore dell'animale si decompone, la vittima risente del male che aumenta sempre più fino alla morte senza rimedio. Questa sorta di fattura, pericolosa e criminale, è praticata ancor'oggi nei paesi musulmani e nelle stesse contrade di Francia! Gli Archivi della Bastiglia ci hanno conservato un'altra formula, adoperata dalla Brinvilliers, celebre avvelenatrice, che non sdegnava le pratiche di Magia Nera per compiere anche i delitti più comuni: "gettate nel fuoco una fascina con incenso e allume pronunciando queste parole: fascina, io ti brucio, qui c'è il cuore, il corpo, il sangue, la sensibilità, il movimento, lo spirito di X... (la vittima, uomo o donna). Che non possa aver pace neanche nel midollo delle sue ossa, restare in piedi, parlare, cavalcare, bere e mangiare finchè non abbia accondisceso al mio desiderio". Senza alcun dubbio, prima di questa congiurazione, la fascina era stata l'oggetto di una speciale consacrazione magica per "caricarla" con la personalità e la sensibilità della vittima designata. Si assicura che la Voisin usò questo maleficio per obbligare re Luigi XIV a ripudiare la regina e sposare la marchesa di Montespan. Ai nostri giorni, non è più necessario costruire con pena e fatica una statuetta di cera. La fattura si è volgarizzata, haimè, con la nascita della fotografia. Le moderne esperienze hanno confermato le teorie di antichi maghi ed ermetisti, specie quelle del colonnello De Rochas sull'esteriorizzazione della sensibilità. Si può affermare che le possibilità di riuscita di una fattura entrarono a far parte dell'ambito sperimentale, e i giornali dell'epoca hanno rilanciato la notizia di quelle sorprendenti esperienze che misero a rumore il mondo degli studiosi nel 1891 e nel 1892. Ecco una citazione dal giornale La Justice, del 2 agosto 1892: "Queste esperienze hanno avuto luogo ieri alla presenza di due medici, membri dell'Accademia delle Scienze, e di un noto matematico. Il signor De Rochas ha cercato di riversare la sensibilità di un soggetto in una lastra fotografica. Egli ha posto la prima di queste lastre a contatto con un soggetto non addormentato: la fotografia ottenuta in seguito non aveva alcun rapporto col soggetto. "Una seconda, posta in precedenza a contatto con un soggetto addormentato, leggermente esteriorizzato, ha fornito una testimonianza appena rilevata per relazione. Una terza infine, che prima di essere messa nell'apparecchio fotografico era stata fortemente caricata con la sensibilità del soggetto addormentato, ha fornito una fotografia ricca dei caratteri più curiosi. "Ogniqualvolta che l'operatore toccava l'immagine, il soggetto presente se ne avvedeva. Poi prese una spina e punse due volte la pellicola della lastra ov'era raffigurata la mano del soggetto. "In quel momento, il soggetto si agitò contraendosi. Quando venne svegliato, si constatarono sulla sua mano due stimmate rosse subcutanee, corrispondenti alle due punzecchiature della pellicola fotografica. In tal modo il signor De Rochas è riuscito a riprodurre sperimentalmente l'antica pratica della fattura".

I moderni fattucchieri hanno la pappa già pronta e, come hanno scritto giustamente Laurent e Nagour, "le graziose attricette e i tenori famosi i cui ritratti si affiggono nelle vetrine, gli uomini politici, i letterati, gli artisti celebri, gli atleti, i sovrani, i fantini, sono ogni notte come immagine fotografica l'oggetto di operazioni magiche di cui non sospettano l'esistenza". Non crediate che gli autori de L'Occultisme et l'Amour stiano esagerando. Siamo a conoscenza di numerosi casi di fatture di odio e di amore fatte con fotografie. Parleremo di una di esse in un capitolo seguente e altre, assai curiose, le esporremo nella nostra opera sul satanismo. Un'ultima parola al lettore su questo argomento così satanico, al punto di doverlo includere per completezza: la pratica della fattura è molto pericolosa, non soltanto per la vittima, ma anche per l'operatore. Questa è già una buona occasione per far ricredere ed esitare quell'essere così perverso da voler colpire gli altri con mezzi occulti. Il "colpo di ritorno" non è un mito, e numerosi sono i casi in cui il fattucchiere muore vittima del maleficio che aveva lanciato. D'altronde, se questo tipo di crimine sfugge alle leggi umane, i fattucchieri non possono sottrarsi all'ineluttabilità del Karma ed egli si construisce un inferno nel quale espierà le sue pratiche e più spesso ancora ciò avverrà nella sua stessa vita terrena, senz aspettare il momento delle retribuzioni post-mortem. Colui che ha la sventura di praticare la fattura di odio riceve sempre un castigo esemplare. Quanto alla fattura d'amore, non è nemmeno lei esente da pericoli. Innocente in apparenza, essa "forza" il cuore altrui, e se viene praticata per egoismo o perversità – è il caso più frequente – diviene per colui che se ne è assunta la responsabilità un peso assai grave da portarsi addosso.

Le operazioni di Venere

Tutte le operazioni di magia amatoria devono compiersi sotto l'influsso di Venere. I vecchi grimori raccomandano sempre: farete questo all'ora di Venere, un giorno di Venere... invocherete l'angelo di Venere... chiamerete i geni di Venere... ecc. E' dunque utile offrire al lettore che desidera praticare con efficacia l'arte magica a scopo erotico un sunto il più chiaro possibile di tutto ciò che concerne Venere, la brillante Dea della Carne dell'Astrologia Kabbalistica. La bella leggenda di Venere è nota a tutti. Dea universale, regna sempre sul mondo e la sua immagine dipinta o scolpita arricchisce i musei, le biblioteche e i giardini delle più modeste città. Se gli Dei sono morti come vorrebbero alcuni, Essa, Venere-Astarte, coronata di viole, la splendida e magica Dea dell'Amore carnale, è sempre viva e vegeta, perché è immortale, come immortale è l'amore che essa governa. Analogicamente e simbolicamente, Venere è l'eterno femminino, l'amante archetipico, genitrice di spasmi fecondi, dispensatrice di gioie e voluttà sensuali, madre della Vita, sposa degli Dei... E' la forma perfetta, la grazia e l'armonia, il principio, l'attrazione universale. Il suo culto, vecchio quanto il mondo, fu sempre celebrato, e il caratteristico aneddoto che segue, che noi prendiamo dal geniale romanziere Merezkowskji, lo prova: il grande papa Alessandro Borgia, una delle figure più celebri del Rinascimento italiano, aveva fatto scolpire per suo uso personale uno splendido crocifisso che recava da un lato l'immagine di Cristo, e dall'altro, l'immagine di Venere Callipigia o Venere dalle belle natiche. Il pontefice, come quasi tutti i grandi spiriti dell'epoca, rapito da pagana passione, pieno di desiderio segreto, effervescente delle più squisite voluttà, offriva al popolo, durante i suoi discorsi, l'immagine di Gesù, mentre contemporaneamente contemplava con amore la splendida effigie della magica Dea della Carne.

Secondo i saggi antichi, gli Dei si incarnano nei corpi celesti ed è per questo che gli astri influiscono sugli esseri e sulle cose. L'astronomia fu in origine un'astrolatria e noi abbiamo visto nel primo capitolo che la nostra conoscenza astronomica fu dovuta agli Angeli di Desiderio, discesi sulla terra per amore delle figlie degli uomini. Venere si incarna nel brillante pianeta che porta il suo nome e illumina le notti. Tutto quel che pertiene all'amore è retto, in virtù dell'occulta legge delle corrispondenze, da questo pianeta, il più bello del nostro sistema solare. Venere, secondo l'astro-kabbala, è di natura armonica, attrattiva e femminile; è calda e umida, benefica in sommo grado, favorevole alla vita degli esseri su tutti i piani del mondo sublunare che favorisce con i suoi doni meravigliosi. Sue funzioni sono l'attrazione e l'amore, la generazione e la moderazione. Sue facoltà la voluttà, la sensibilità, la carità, la bontà, l'indulgenza e la compassione. Favorisce i piaceri dei sensi e regna su tutti i luoghi deputati all'amore. Nel corpo umano, governa gli organi sessuali femminili, l'utero, i reni, la gola, i seni, il ventre, l'incarnato e l'odorato. Ecco le sue corrispondenze: Giorno: Venerdì. Ore di Venere, il Venerdì: da mezzogiorno all'una, dalle 7 alle 8 dopo mezzogiorno, dalle 2 alle 3 dopo mezzanotte e dalle 9 alle 10 del mattino seguente. Colore: verde Metallo: rame Gemme: smeraldo, zaffiro, lapislazzulo Profumi: zafferano, sandalo, benzoino, verbena Piante: rosa, giacinto, mughetto, violetta, ulivo, giglio, lillà, gelsomino, peonia, ciclamino, mirto Numeri: 3, 7, 23 Gli angeli o geni di Venere, regnanti il Venerdì, sono: Anael, Rachiel, Sachiel. L'angelo dell'Aria è Sarabotes e i suoi ministri si chiamano Amabiel, Aba, Abalidot e Flaef. Gli angeli del Terzo Cielo che regnano il Venerdì e che bisogna chiamare dai quattro angoli del mondo sono: dall'Oriente: Serchiel, Chedusitaniel, Corat, Tanael, Tenaciel dall'Occidente: Turiel, Coniel, Babiel, Kadiel, Maltiel, Husatieldal Nord: Peniel, Penael, Penat, Raphael, Raniel, Dormieldal Sud: Porna, Sachiel, Chermiel Gli spiriti di Venere si congiurano con la seguente preghiera: Io vi congiuro, angeli santi, forti e potenti, per i nomi On, Hey, Ia, Ie, Adonay, Saday che nel sesto giorno creò i quadrupedi, i rettili e gli uomini, e che conferì ogni potere ad Adamo su tutti gli animali, che benedì il nome del Signore, per gli angeli che servono nella Terza Legione, in presenza del grande angelo Agiel, principe forte e potente, per l'astro di Venere, per il suo santo sigillo e per i nomi sopradetti, io vi congiuro, Anael, angelo grande, Voi che presiedete al sesto giorno, per il nome adorabile di Adonay che ha creato l'universo intero con tutto ciò che contiene, affinchè mi portiate soccorso, e mi concediate l'effetto di tutte le mie richieste, secondo il mio desiderio, sia nei miei amori, sia nella mia fortuna, e in generale in tutte le cose che mi saranno gradite e utili. Si deve poi dire ciò che si desidera e specificare bene i motivi di questa congiurazione. Secondo i vecchi grimori, gli spiriti di Venere hanno il potere di portare denaro, di rendere gli uomini lussuriosi, di riconciliare gli avversari con la lussuria, di combinare matrimoni, di suscitare nel cuore degli uomini l'amore per le donne e viceversa, e guarire le malattie.

Essi appaiono di bell'aspetto, di taglia media, con viso amabile e gradevole, di colro bianco o verde e spesso brillante e dorato. Al loro avvicinarsi, ed è quello il segno della loro apparizione, si scorgono delle seducenti giovani ragazze che giocano in cerchio invitando l'evocatore a voluttuosi giochi erotici. Certi spiriti di Venere appaiono in forme varie e pittoresche, animali, graziose: un re che tiene uno scettro e cavalca un cammello, una ragazza nuda o vestita di belle vesti bianche o verdi, una capra, una colomba, un dromedario o una profusione di mazzi di fiori. §§§ Il talismano di Venere si deve incidere di Venerdì, nelle ore di Venere, su una lamina circolare di rame puro, delle dimensioni di una medaglia. La si luciderà perfettamente su entrambe le faccie. Sulla prima faccia, si inciderà la lettera G, racchiusa in una stella pentagrammatica. Sulla seconda faccia, si incide una colomba, al centro di una stella a sei punte o sigillo di Salomone, formata da due triangoli incrociati, uno con la punta in alto e l'altro con la punta in basso, circondato dalle lettere che compongono il nome Suroth, genio di Venere. Si potrà anche disegnare un talismano di pergamena vergine, usando dell'inchiostro verde. Sulla prima faccia, si rappresenterà la figura geroglifica di Venere, cioè una donna lascivamente abbigliata con vicino alla sua coscia destra un Cupido reggente un'arco ed una freccia incendiaria, mentre lei terrà nella mano sinistra uno strumento musicale, quale una chitarra, e sopra la sua testa una stella brillante con il nome: Venere. Per Agrippa questo talismano "rappresentando Venere Fortunata, procura la concordia, distrugge le discussioni, dona l'amore alle donne. Favorisce il concepimento, ostacola la sterilità e rende vigorosi nel coito. Toglie i malefici, riappacifica uomo e donna, stimola la nascita di ogni tipo di animali. Messo in una colombaia, aumenta il numero dei piccioni; giova alle malattie melanconiche e dà gioia. Portato indosso favorisce il buon esito dei viaggi". Questi talismani si consacreranno con una fumigazione di profumi venerei e si metteranno in un sacchetto di seta verde o rosa. §§§ E' il caso di far notare qui una volta per tutte che non è per caso o perché mossi da idee personali che vengono indicate queste materie, questi profumi, questi colori ecc. La tradizione magica si basa sulla legge delle corrispondenze, ed un elemento che sarebbe favorevole per le operazioni di odio sotto gli auspici di Marte, per esempio, sarebbe negativo per le operazioni erotiche sotto gli auspici di Venere. Massima cura e rigorosa attenzione vengono date nell'osservazione delle prescrizioni rituali, perché il minimo errore sarebbe causa di insuccesso. Quando un grimorio o un rituale magico prescrive un oggetto vergine significa che dev'essere nuovo o mai usato. Ogni oggetto "profanato" è inadatto all'operazione magica. Il rame impiegato per l'incisione dei talismani dovrà uscire dalla fonderia e venire accuratamente lucidato. Non è superfluo ricordare queste condizioni essenziali per portare a buon fine ogni operazione magica nella nostra epoca utilitaristica ad oltranza, e che ha spinto al più alto grado l'arte di riciclare l'usato, fabbricando oggetti di lusso con vecchie lattine di conserva! Come si vede, il compito del mago è difficile ma ostacoli grandi e piccoli nel compimento dell'opera sono un eccellente esercizio per l'acquisizione della Volontà.

"Maggiori pene e difficoltà vi costerà la vostra arma e più vi sarà utile", ha scritto un iniziato inglese, Aleister Crowley, che aggiunge: "se volete qualche cosa fatta bene, fatevela da voi". Non crediamo inutile, infine, cogliere nell'opera di questo stesso iniziato questa preziosa raccomandazione: "Acquistate senza mai mercanteggiare tutto ciò che vi serve per l'operazione magica. Non bisogna cercare di stabilire un rapporto tra i valori di cose incommensurabili. I più piccoli strumenti magici valgono molto di più di tutto ciò che possedete. D'altronde, se voi comprate senza mercanteggiare vi accorgerete che, durante l'acquisto, il venditore avrà gettato via la borsa di Fortunato. Che importa la situazione in cui vi trovate, all'ultimo momento le vostre difficoltà si risolveranno; non c'è potere che non obbedisca ai bisogni di un mago! Ciò che ha, non ce l'ha; ma ciò che è, c'è; e quel che sarà sarà, e né Dio, né tutte le schiere di Choronzon potranno fermarlo. Questo comandamento e questa promessa sono stati dati a tutti i maghi senza eccezione. Quando questo comandamento sarà osservato, la promessa sarà di certo esaudita".

L'incantesimo d'amore

L'Incantesimo è una preghiera, un grido, un appello irresistibile, proferito o, meglio, salmodiato nel corso di una cerimonia nella quale entrano in gioco i gesti, e come supporto magico diversi elementi, quali i profumi, i fiori, i colori ecc. L'incantesimo può venire praticato, così come la fattura che d'altronde completa e rafforza, a scopo di odio, per nuocere a un nemico. Non è questo però il nostro ambito; a noi interessa l'incantesimo d'Amore. Ogni volta che si concentrano i propri sentimenti in un raggio potente, animato dalla volontà, c'è produzione di azioni psichiche, di cui sono incontestabili le ripercussioni sugli esseri viventi. E' quindi comprensibile che l'esteriorizzazione di un intenso desiderio d'amore, mediante il pensiero creatore, mediante il verbo formatore e il gesto che dissemina, inviato con empito vigoroso, deve colpire colui o colei che è l'oggetto di questo desiderio. L'incantesimo è pertanto l'accerchiamento e la penetrazione di un essere da parte di un altro essere, un'unione fluidica astrale, coagulata e proiettata. Come vedremo nel rituale che segue, l'incantesimo d'amore deve procedere con parole dolci e avvolgenti, pensieri voluttuosi, gesti carezzevoli. Bisogna immaginare, là, di fronte a sé, la persona amata, e rivolgersi ad essa come se fosse presente realmente. Grazie all'appassionato richiamo, magnetizzato da un'intenso desiderio, l'oggetto del vostro amore è presente in astrale e tutto quello che gli farete avrà un'inevitabile ripercussione sulla sua fisicità. A distanza, essa verrà penetrata da un'intensa sensazione di languore, nascerà un sentimento, e se siete abbastanza energici, essa avrà smania di corrispondere al vostro desiderio, di ricevere le carezze, di udire i vostri sussurri d'amore, di provare con voi, vicino a voi, assieme a voi, i più voluttuosi piaceri sensuali. Tale è la forza dell'incantesimo d'amore, che deve realmente avvolgere la persona amata con un impenetrabile rete di pensieri esclusivi e, beninteso, in una direzione favorevole a ciò che vi aspettate da lei. L'incantesimo deve stringere l'essere amato in una spirale di voluttà, colpirlo nell'intimo della carne e farne vibrare i sensi. L'incantesimo d'amore venne impiegato fin dalla più remota antichità; è una preziosa eredità della tradizione magica. Le tavolette cuneiformi e i papiri egiziani ci hanno tramandato un gran numero di formule incantatorie. Marcelin Berthelot, citando testi papiracei, rileva che le formule si appellano ad Iside, Osiride, Mithra, Serapide, Ermete, Horo, Iao ecc., così come avverrà nei grimori medievali, le cui formule sono daltronde improntate a fonti egiziane, arabe e greche. Queste formule, scrive il dotto autore, "sono destinate ad evocare uno spirito che appare in sembiante di fanciullo o di ragazza, apprendista di Apollonio di Tiana, e ad ottenerne dei talismani o dei filtri d'amore e amicizia". Si trovano incantesimi con formule identiche in Grecia e Italia. Le streghe tessale erano famose per la potenza della loro arte. Luciano lo afferma nei suoi Dialoghi di Cortigiane e Lucano nella Farsaglia. Virgilio nelle Egloghe e Teocrito negli Idilli ci hanno trasmesso dei veri e propri rituali d'incantazione, come provano i testi seguenti: "Potenti carmi, riportate Dafni in questi luoghi... Potenti sono le parole magiche: possono far scendere addirittura la luna dal cielo, così come han permesso a Circe di trasformare in porci i marinai di Ulisse... Io avvolgo la tua effigie con tre diversi nastri, per tre volte la faccio girare intorno all'altare, poiché il numero dispari è gradito alle divinità... Stringi con tre nodi i nastri di diversi colori, stringili, Amarilli, ed esclama: io annodo i lacci di Venere. Lo stesso fuoco che compatta l'argilla e scioglie la cera possa fare altrettanto su Dafni a vantaggio del mio amore! Getta la sacra farina, brucia questi allori... Dafni, meschino, mi abbraccia! Io, in quest'alloro, abbraccio Dafni!... Potenti carmi, riconducete Dafni in questi luoghi! Che Dafni sia in preda all'amore, come la giovenca che, stremata dalla ricerca per boschi e vaste foreste del giovane toro desiderato, si adagia ai bordi di un ruscello e, ansimante e disperata, dimentica l'ora tarda che dovrebbe ricondurla alla stalla. Che Dafni sia in preda all'amore!" (Virgilio, Egloghe). "Dove sono i miei allori? Portameli, Testili. Porta anche i filtri. Prendi questa coppa e avvolgila col vello rosso di una pecora... che voglio incantare quest'uomo crudele che amo e per cui soffro. Da oltre dodici giorni non bussa più alla mia porta; non sa se sia viva o morta. Senza dubbio, Eros e Venere hanno portato altrove i loro spiriti leggieri... Risplendi dunque, o pallida Luna! Ti canterò, serena divinità, assiema all'oscura Ecate che s'innalza tra le tombe, tra i vapori del sangue cupo di giovani

cani sgozzati... Salve, terribile Ecate! Sostienimi nell'imprersa... Magica pastorella, riconducilo alla mia dimora!... Ardo di passione per colui che mi ha reso sfortunata, che non mi ha sposata e m'abbandona dopo avermi tolto la verginità... Venerabile Dea, ti offro tre libagioni e tre volte grido: Se una donna gli dorme accanto, o anche un uomo, che egli la possa scordare, come avvenne a Nasso, quando Teseo scordò Arianna dalle belle trecce... Che io possa veder entrare in casa Delfi! Magica pastorella, riportamelo...." (Teocrito, Idilli).
L'incantesimo d'amore è conosciuto e praticato ovunque: in India, in Cina, nei paesi musulmani, nelle contrade più lontane... Il formulario magico resta immutato nella sua essenza, sopravvive ai cataclismi, alle rivoluzioni, ai cambiamenti epocali. Ai nostri giorni, nulla ha perso della sua potenza e della sua efficacia. Il rituale incantatorio che ora diamo si basa sulla tradizione magica, da cui deriva. Può essere modificato in base alle circostanze, ma la base rimane quella. Recitato con attenzione ed impiegato con tutta la cura necessaria, sia nei gesti che nelle parole, produrrà un risultato certo. RITUALE DELL'INCANTESIMO D'AMORE Bisogna procurarsi dapprima una o più fotografie della persona amata che si desidera colpire con l'incantesimo. Se la fotografia raffigura la persona nuda, è meglio. Quest'ultimo requisito non ha nulla di straordinario, considerati i costumi attuali.2[2]La fotografia, in quanto veicolo delle irradiazioni fluidiche, è indispensabile. Sarebbe bene potergli aggiungere un oggetto che la persona amata portava con sé: una sua lettera, un fazzoletto, dei guanti, una ciocca di capelli, ecc. Più potrete disporre di simili cose che gli sono appartenute e

rimangono impregnate della sua vitalità, maggiori saranno le vostre possibilità di poter agire sul suo astrale. La forza fluidica aumenterà proporzionalmente al possesso di oggetti che sono stati in contatto diretto con la pelle della persona. Bisogna racchiudere accuratamente tutto quanto in un sacchetto di seta verde e conservarlo in un posto segreto, lontano da sguardi profani. Poi, di Venerdì, ad un'ora di Venere (vedi quanto detto a p....) e di preferenza la sera per beneficiare del massimo di calma e silenzio, isolatevi in un luogo che vi farà da oratorio, e che avrete preventivamente purificato bruciandovi dell'incenso. Siate nudi sotto un'ampia veste di seta verde. In mancanza, un accappatoio bianco basterà ma, in tal caso, mettetevi al collo una sciarpa verde a mò di stola sacerdotale. L'altare magico sarà costituito di un tavolo nuovo o che non è mai stato usato a scopi profani; quest'ultimo potrà essere assai semplice, in legno grezzo per esempio, ma bisognera che sia assemblato a incastro, senza chiodi. Ogni oggetto metallico dev'essere accuratamente eliminato. Gli strumenti metallici dovranno essere invece di rame. Il tavolo verrà coperto da una tovaglia di lino grezzo. Estraete dal sacchetto di seta il ritratto dell'essere amato e gli altri oggetti che disporrete all'intorno, in mezzo a due candele di cera verde. Spegnete ogni altra luce. In un bruciaprofumi di rame, posto al lato sinistro del tavolo, bruciate dell'incenso, dell'ambra, della polvere di legno di sandalo, del benzoino e foglie secche di verbena. Se vi è possibile disporre anche di qualche fiore venereo, come rose, violette, gelsomini, pensées, resede, lillà, giacinti, la loro presenza aumenterà la potenza benefica dell'incantesimo ed un mazzo di questi fiori sarà un prezioso veicolo di fluido venereo. Isolatevi, in modo che nessuno possa vedervi o solo spiarvi. Imposte chiuse o tendaggi spessi e opachi alle finestre. Lo ripetiamo, qualunque operazione magica necessita del segreto e dell'isolamento più assoluto. A meno che non operiate per conto di altri, in tal caso la loro presenza sarà opportuna. Avendo disposto tutto come si conviene, rimanete in silenzio di fronte all'altare, assorti nel pensiero dell'essere amato. Rimanete in tale condizione per circa sette minuti, poi, con un forte sforzo di concentrazione, fissate con sguardo fermo ma dolce il ritratto, le braccia protese, le mani aperte, e pronunciate tre volte ad alta voce l'invocazione che segue, alzando il tono ogni volta oppure, fatto che ne decuplicherà la potenza, salmodiando molto lentamente come una preghiera liturgica: N... (nome della persona amata) vieni al mio richiamo, guidata da Anael che invoco. Di già, con la mia volontà, il tuo doppio si impregna degli effluvi del mio desiderio. Che il tuo spirito sia colpito, che la tua anima si unisca alla mia e che il tuo corpo si apra al piacere. Che i geni propizi, animati dal mio verbo, mi aiutino ad incatenarti e dirigerti a me. Sia fatta la mia volontà e compiuta l'opera. Amen!

In seguito, se necessario, spargete dei profumi venerei nella scatola di rame e, imponendo le mani aperte sul ritratto e sugli oggetti, chiedete mentalmente ciò che volete dall'essere amato; poi con voce dolce, avvolgente, carezzevole, parlate ad esso come se fosse presente in carne e ossa assieme a voi nella stanza. Ditegli frasi semplici, piane, schiette non contorte. Siate pressanti e imprimete forza al vostro desiderio. Non calate di intensità; quando non avrete

altro da aggiungere, non sforzatevi, che le parole diverrebbero banali, ed è quello che si deve evitare. Prendete le foto e gli oggetti e baciateli amorosamente. Poi, portatevi lentamente le mani alla fronte, alle labbra, al cuore.
Tendetele di nuovo verso il ritratto. Rinnovate un appassionato richiamo mentale e riponete il tutto. Se potete, offrite o fate offrire alla persona amata i fiori con i quali avete adornato l'altare durante l'incantesimo.
Quest'operazione condotta per una settimana (periodo Venereo) sarà di efficacia sicura. §§§ Gli antichi grimori ci hanno conservato delle curiose formule d'incantesimo e di evocazione. Dai vecchi testi, abbiamo tratto quelli che seguono, assai caratteristici e pittoreschi. Non dubitiamo che mantengano le promesse se vengono svolti come si conviene. Affinchè una ragazza vi venga a cercare, per saggia che sia Bisogna cercare in luna crescente o calante, tra le undici e mezzanotte, una stella nel cielo ma, prima, fate ciò: prendete della pergamena vergine, scriveteci sopra3[3] il nome di colei che volete vi venga a cercare. Dall'altra parte, scrivete: Meschidael, Bareschas; ponete quindi la pergamena in terra col nome della persona verso il suolo, pressata dal piede destro mentre il ginocchio sinistro è a terra; allora, mirando la stella più lucente, reggendo nella mano destra una candela di cera bianca che possa durare un'ora, pronunciate la seguente congiurazione: "Ti saluto e congiuro, o bella luna e bella stella, lume brillante che tengo nella mano, per l'aria che respiro, per l'aria che è in me e per la terra che tocco. Vi congiuro per tutti i nomi degli spiriti supremi che risiedono in voi, per l'ineffabile nome On, creatore di tutto; per te bell'angelo Gabriele, con Ermete onnipotente,

Michael e Melchidael. Vi congiuro DERECHEF per tutti i nomi divini di andare ad ossessionare, tormentare, agitare nel corpo, nell'anima, nello spirito e nei cinque sensi N..., il cui nome è scritto qui sotto, in modo che venga da me e compia la mia volontà, e che non abbia amicizia con nessun'altro, specie per N... (nome dei possibili rivali), fintantochè io gli sarò indifferente; che non possa resistere, che sia ossessionata, tormentata e sofferente. Andate dunque senza indugio, Melchidael, Bareschas, Zazel, Tiriel, Malcha, e tutti quanti voi che gli obbedite; vi congiuro, per il gran Dio vivente, di inviarmela subito per soddisfare la mia volontà. Io, N..., prometto di soddisfarvi." Dopo aver recitato tre volte questa congiurazione, appoggiate la candela accesa sopra la pergamena e lasciatela lì tutta la notte. La mattina, prendete la pergamena e mettetela nella scarpa sinistra e lasciatevela fintantochè la persona desiderata non sia venuta a cercarvi. Bisogna specificare durante la congiurazione il giorno che desideriate che venga, ed essa verrà. Ecco ora un'altra evocazione potentissima, per ottenere ciò che si vuole, e principalmente l'amore dell'essere desiderato. Questa cerimonia si compie sotto gli auspici di Ecate, Dea degli incantesimi: Per nove giorni consecutivi, con la luna crescente, dopo il suo quinto giorno, bruciate dell'incenso in onore delle potenze protettrici delle anime del Purgatorio; recitate ogni volta un Pater specificatamente per la pace di queste stesse anime e accendete allo stesso scopo una candela in onore degli spiriti protettori delle anime del Purgatorio per il loro stesso riposo con l'intenzione che avete in mente. Dopo questo preliminare, per tre notti di seguito, accenderete del fuoco in uno scaldino e con questo in mano girerete tre volte intorno formando un cerchio. Posate poi il fuoco al centro e gettatevi dell'incenso implorando mentalmente la Dea Ecate. Poi, con le braccia appena alzate, dite la seguente preghiera: O Ecate, Dea nei cieli, Dea sulla terra e Proserpina negli inferi; o madre delle ombre, regina suprema dell'esercito dei morti, non scagliarmi contro le tue legioni, o Ecate, ma fa piuttosto che queste mi obbediscano. O triplice Ecate, grande Dea degli incantesimi, in questo fuoco che ti offro l'incenso brucia in tuo onore; o Ecate, che la tua divinità venga a me, che la tua potenza mi circondi, mio padre non ne rimarrà offeso! Per Ecate, o genio maestro dell'aria; per Ecate, anime dannate dei morti, per Ecate, o voi che vi agitate nel basso astrale; per Ecate, venite in mio aiuto, mia leva, mio esercito!

Riprendete lo scaldino dopo averci gettato di nuovo dell'incenso, ripercorrete una volta il cerchio ed alzatelo verso i quattro punti cardinali, formulando mentalmente la vostra richiesta ai geni. Dopo, gettatevi dentro del pane e del vino per le anime del Purgatorio e dite: Per Ecate, ho chiamato nel silenzio delle notti le legioni dell'aria, l'armata fastosa degli Obs: agli uni ho offerto l'incenso che li sollecita, agli altri il pane di cui sono affamati. Così sotto la luce degli astri possano agire le forze chiamate, e come un sovrano nel suo mantello di porpora, il tuo servo fedele, o Ecate, si addormenta con fiducia. §§§ Per finire, queste due formule, estratte anch'esse da antichi grimori, semplici ed efficaci, se eseguite correttamente: Mantenetevi casti per sei giorni, il settimo, obbligatoriamente un Venerdì, mangiate e bevete alimenti di natura calda, che possano eccitarvi eroticamente. Quando vi sentirete in questo stato venereo, cercate di intrattenervi in amichevole conversazione con la persona desiderata, e fate in modo che vi guardi negli occhi e voi i suoi, per il tempo di un'Ave Maria. Infatti i raggi visivi che si incrociano sono dei potenti vettori dell'amore, in grado di giungere fino al cuore né alcunchè può resistergli, né la più grande ritrosìa né la massima indifferenza. E' molto difficile indurre una ragazza pudica a guardare fissamente un giovane uomo per un certo tempo4[4], ma la si potrà costringere dicendogli per scherzo che si conosce un segreto, che consiste nell'indovinare tramite lo sguardo degli occhi, se ci si sposerà presto, se si farà un matrimonio felice, se si vivrà a lungo, o qualcosa di simile tale da eccitare la curiosità della persona e che la induca a guardare fissamente. §§§ Prendete una verghetta d'oro, adorna di un piccolo diamante, che non sia mai stata impugnata se non dall'orefice che l'ha fabbricata; avvolgetela in un lembo di tessuto serico, e portatela per nove giorni e nove notti tra la pelle e la camicia, sul cuore. Il nono giorno, all'alba, incidete con un punzone nuovo al centro della verghetta la parola Scheva. Poi fate in modo di procurarvi tre capelli della persona da cui volete essere amato, e accoppiateli con tre dei vostri, dicendo: "O corpo, che tu mi possa amare, e che il tuo animo sia ardente quanto lo è il mio, per la virtù efficace di Scheva". Bisognerà legare questi capelli con nodi d'amore, in modo che la verghetta sia più o mena allacciata in mezzo ai lacci e, dopo averla avvolta nel tessuto, la indosserete subito sul cuore per ulteriori sei giorni, mentre il settimo giorno, libererete la verghetta dai lacci d'amore e farete in modo che questa sia accettata in dono dalla persona amata. Tutta questa operazione deve farsi all'alba e a digiuno. Capitolo decimo

Rituale della fattura d'amore

Le formule per la fattura d'amore sono numerose e svariate. I grimori antichi ne contengono di assai caratteristiche ma non prive di pericoli; i piccoli libri di stregoneria contrabbandati nelle campagne, pubblicano, più o meno deformati, i rituali della fattura d'amore e di odio. Per evitare degli infortuni che possono essere molto gravi, noi mettiamo in guardia i nostri lettori da tutte quelle formule in cui è prescritto l'uso del sangue, specie quando si richiede del sangue che non sia il proprio. Non sappiamo esimerci dall'insistere su tale argomento, in quanto queste pratiche conducono alla malattia, alla follia e, qualche volta, anche a peggio. I diversi rituali di fatture d'amore che pubblichiamo sono senza pericolo. Per riuscire a fare una fattura, è necessario creare il voult che è una rappresentazione della persona su cui si vuole agire. Nella magia antica questo voult era un pupazzo di legno o, più spesso, di cera, a cui si dava la forma dell'essere amato. Nella fattura di odio, si adoperava il cuore sanguinolento di un animale, ma siccome non c'è qui posto per simili rituali, essendo il nostro lavoro consacrato alla sola magia d'amore, noi non ci soffermeremo su cose che concernono carni ed organi animali Oggi il voult ideale è la fotografia. Si sa da quando si è cominciato a parlare di radiestesia, che la fotografia è il "doppio" vivente della persona rappresentata, ed essa emette delle radiazioni fluidiche. Abbiamo già detto che sarebbe preferibile adoperare la foto di una persona nuda. Vi si aggiungeranno possibilmente oggetti impregnati dai suoi fluidi come calze, guanti, fazzoletti ecc... o ancor meglio, parti corporee: capelli, framenti di unghie ecc. Ma non si esageri come avvenne per gli stregoni medievali, che adoperavano anche l'urina e gli escrementi. E' evidente che tali materie sono fortemente sensibilizzate ma si può procedere in modo altrettanto energico senza ricorrere a queste cose disgustose che profanano l'oratorio magico. La pratica basilare della fattura d'amore consiste nell'utilizzare, accarezzare, abbracciare la rappresentazione sensibile dell'essere amato – pupazzo di cera inpregnato di sostanze intime, o fotografia – detta voult o dagyde. Gli innamorati che portano sempre indosso il ritratto del loro amore, e che lo guardano e lo abbracciano più volte al giorno, effettuano una fattura inconscia sulla persona rappresentata; senza saperlo, agiscono in base ai principi magici di Paracelso, che pretendeva giustamente che l'immagine di un essere veicola una parte della sua sensibilità.

Ora, il soggetto risente per contraccolpo di ciò che si fa subire alla sua immagine, in bene o in male. Soffre delle operazioni malevole o si sensibilizza alle carezze e alle pulsioni di desiderio erotico. Ci sono stati dei fattucchieri che hanno praticato la magia sessuale, mettendo in contatto il ritratto dell'essere concupito con il loro sesso eretto. Noi siamo stati testimoni di successi insperati dovuti a fotografie contemplate, accarezzate, baciate per giorni e notti... Il seguente rituale, per quanto semplice, è efficace, posto che sia eseguito alla lettera. Un Venerdì, in ora venerea, si dispongano sull'altare magico gli oggetti seguenti: a sinistra, nell'angolo superiore: il bruciaprofumi; nell'angolo inferiore: del sale in un piccolo portacenere di rame. A destra, nell'angolo superiore: un candeliere di rame, con un cero verde acceso; all'angolo inferiore: un vaso di cristallo pieno d'acqua, con un ramo di timo o di verbena. Tutti questi oggetti devono essere nuovi e purificati con profumazioni veneree prima di essere usati. Il sale, il cero, i profumi, i fiori, il timo e la verbena verranno comprati o raccolti di Venerdì, in ora venerea.

Incantesimi e Rituali

Il momento migliore per fare questo incantesimo è Venerdì. È il giorno di Venere, dea dell'amore. Il suo colore è verde, quindi questo è il colore migliore da usare. Molte persone collegano inconsciamente l'amore al colore rosso. Per questo motivo, dovresti usare il colore, che rappresenta l'amore per te.

Per il rituale hai bisogno di un lungo filo di seta. Come abbiamo scritto prima, potrebbe avere il colore verde o rosso. Quale scegli, dipende da come lo senti. La corda dovrebbe essere bella, nuova e pulita, perché rappresenta il tuo desiderio. Non usare qualcosa che hai trovato in un guardaroba! Meglio comprarne uno nuovo.

Concentrati correttamente su ciò che desideri. Calmati in meditazione poi visualizza il tuo desiderio. La visualizzazione dovrebbe essere positiva, quanto felice sarebbe la tua relazione, quanto felicemente vivi con il partner. I pensieri di tristezza o pensieri disperati non possono intromettersi! Tale stato d'animo e atteggiamento distruggeranno tutti i tuoi sforzi e il tuo rituale non funzionerà. I pensieri negativi e la paura possono persino amplificare ciò che non vuoi!

Quindi pronuncia questa formula ad alta voce e mentre la dici, fai un nodo stretto sulla corda:

"Nel nome di Erzulia, Maria Magdalena, Shiva e Venere, divinità dell'amore, sto legando a me l'amore dei miei sogni. Vivo con [XY] in amore, comprensione e armonia. Ringrazio l'amore di Dio per la realizzazione e potere. Sono un buon partner di . Così è, così sta accadendo! "

Incantesimi d'amore voodoo

Fusione di partner Voodoo

Se desideri che qualcuno ti ami, segui queste istruzioni sull'incantesimo d'amore:

1. Lancia l'incantesimo durante la luna crescente, preferibilmente il venerdì. Il venerdì è dedicato a Venere, la Dea dell'amore, e la luna crescente favorisce l'attrazione. Inoltre, gli dei dell'amore sono chiamati durante il rituale: Venere, Erzulie, Maria Magdalena, Shiva…. Puoi sostenere ulteriormente l'incantesimo spargendo fiori d'arancio o miele sull'altare, che in molte culture rappresentano il matrimonio. Altri strumenti possono essere progettati e incorporati nel rituale usando la tua immaginazione: carta dei tarocchi per Amore, Rune Partnership, candela rossa o verde, legno di sandalo ecc.

2. Modella due pupazzi di argilla o cucili da un panno bianco, uno di te e uno della persona amata. Equipaggiali con le caratteristiche del genere e riempili con un po 'di capelli o unghie quando possibile. Più energia dedichi a questo, più forte sarà.

3. Lega i pupazzi con cura (con cura amorevole) insieme a un pezzo di corda o ancora meglio con una fascia laterale rossa o verde (scegli il colore che rappresenta per te l'amore). Questo simboleggia l'unificazione di due persone o l'atto sessuale. Quindi, visualizza fortemente la tua relazione basata sull'amore e l'armonia.
4. Dopo aver completato il rituale, avvolgi le bambole in una sciarpa di seta rosa il prima possibile e conservale in un luogo sicuro. Il rituale può essere ripetuto (se necessario) più volte. Se la magia è stata fatta in buona fede e prometti alla Dea di rendere felice e soddisfatto il tuo partner, non dovrebbe volerci molto a vedere i risultati.

Alcuni consigli per la pratica

La magia dell'amore di oggi e gli incantesimi d'amore usano anche metodi moderni, cosa impossibile in passato. Ad esempio, la *magia dell'amore può essere utilizzata per riunire i partner nelle loro fotografie* . Durante il rituale magico, si possono scattare foto di due persone che dovrebbero unirsi e incollarle con il miele. I volti di quelle foto dovrebbero guardarsi l'un l'altro. Quindi, si dovrebbero mettere quelle foto sotto una candela rossa o verde e visualizzare con forza che queste due persone sono tornate insieme in amore e armonia. Attenzione, si dovrebbero provare solo cose positive, come essere grati che ciò accada o felicità ed eccitazione. Dubbi, preoccupazioni e paure, che non si avvererà, rovinano l'incantesimo d'amore e non accadrà nulla!

Le cose personali del tuo partner desiderato (ad esempio cose che indossava o usava prima), sono sempre utili per la magia dell'amore. Durante i rituali d'amore, segui i tuoi sentimenti interiori: usa il tuo profumo preferito, compra rose o altri fiori, che simboleggiano l'amore per te, pensa positivamente al tuo amore.

Riunire i partner

Non ricognire solo sul tuo potere di immaginazione. Chiama qualcuno che è già morto e che era con te in una buona relazione durante la sua vita. Promettigli che ti prenderai cura della sua tomba e pregherai per lei. È essenziale mantenere queste promesse!

Al fine di rafforzare il rituale, raccomandiamo anche di *invitare un Dio amore o una Dea amore* . Chiama solo i poteri che ti piacciono, prova una certa attrazione per loro. Può essere Erzulie, Venere, Maria Magdalena o l'arcangelo Uriel. Segui il tuo istinto. Non dimenticare mai di fare un'offerta sul tuo altare. Dopo il rituale, seppellisci l'offerta nel terreno. Ogni divinità ha le sue offerte preferite, quindi è importante conoscerle prima del rituale. Non è importante, se scegli Gesù o Buddha, è importante sapere chi era, cosa aveva fatto, perché l'hai scelto e cosa gli piace. L'offerta deve essere di alta qualità e gusto.

Legare insieme

La pratica magica degli incantesimi d'amore e l'esperienza del ricongiungimento dei partner ci mostrano che i migliori risultati provengono dal legare e annodare insieme cose personali, foto e / o scritti. Se vogliamo legare due persone, uniamo insieme cose, foto e offerte, che rappresentano entrambe.

Più tardi, dopo il rituale, le cose vengono sepolte sotto l'albero forte e bruno, come simbolo di crescita, inizio e fertilità. Dall'altro lato, se vogliamo sbarazzarci di qualcosa / qualcuno, gettiamo le cose nell'acqua che scorre. Se conosciamo qualcuno che è morto e ci piacciamo prima, potremmo seppellire le cose vicino alla sua tomba. Non dovremmo dimenticare che anche il nostro comportamento e la comprensione nei confronti degli altri hanno un grande impatto! Ciò significa che i *rituali non sono sufficienti per una relazione felice. Se vogliamo un cambiamento nella nostra relazione, dobbiamo cambiare qualcosa dentro di noi!*
Consigliamo questo libro: *John Gray: gli uomini sono di Marte, le donne di Venere.*

Festa dell'amore

Ama la magia, unendo i partner

Cucina e cuoci per chi ami! L'amore veramente "passa attraverso lo stomaco". Preparare e condividere il cibo avvicina le persone! Se cucini qualcosa per la tua amata, gli dai un buon feeling e apri la porta alla comunicazione. Puoi persino aumentare questa sensazione usando le giuste miscele di spezie. Usa quelli che stimolano i desideri e hanno la capacità di "riscaldare". L'ingrediente ideale, che riporta la passione e il calore alla relazione rinfrescata, è un peperoncino.

In generale, i pasti dolci sono migliori. Ma dovresti sempre preferire il gusto della persona per cui è preparato il pasto! Prenditi abbastanza tempo per la preparazione e se non cucini bene, segui alcune lezioni di cucina! I tuoi sforzi non saranno ricompensati! Puoi anche mettere una goccia di sangue nel tuo pasto e puoi dire una formula magica di cui sopra.

Incantesimi con i frutti

Gli incantesimi d'amore usano spesso per aumentare il potere di attrazione o per chiamare il partner di sogni mele e arance. Sono usati come offerta per divinità e spiriti ma anche come dono per gli innamorati. Prima di regalare mela o arancia, caricala con la tua energia e le tue intenzioni. Tieni il frutto con entrambe le mani e visualizza come il tuo amore e la tua attrazione fluiscono all'interno del frutto! Visualizza con la tua piena attenzione, come la felicità e l'armonia fluiscono tra te e il partner e come ti ama sempre di più. Se la tua intenzione è pura e focalizza forte, l'effetto arriverà presto! Come frutto dell'amore, puoi usare anche ciliegie o fragole. Se al tuo partner non piacciono i frutti sopra menzionati, usa questo incantesimo di cioccolato fondente.

Il momento migliore per i rituali magici d'amore

Il momento migliore per amore La magia è durante la luna crescente. È perché mentre la luna crescente cresce, secondo la Legge dell'analogia, il nostro potere e la nostra attrazione possono anche essere aumentati. Il crescente potere della luna ci sta supportando sempre di più. Il giorno migliore per gli incantesimi d'amore è venerdì, il giorno di Venere. Se vuoi rendere la tua magia d'amore ancora più accurata e potente, prendi in considerazione anche il periodo dell'anno e l'attuale posizione del sole nello zodiaco.
Lavora dopo il tramonto. Se vuoi fare magie di successo, devi stare bene fisicamente e psichicamente. Se ti senti male, depresso o stanco, non praticare la magia. Prima di tutto prenditi cura di te stesso; devi trovare l'equilibrio e la forza dentro di te, non in qualcun altro. Se non puoi essere felice da solo, non sarai felice nemmeno con il partner dei tuoi sogni!

Incantesimo per evocare il tuo vero amore

Questo incantesimo è progettato per coloro che sono single e vogliono attirare partner adatti nella loro vita. Se abbiamo sperimentato nella nostra vita una cattiva relazione (o la relazione dei nostri genitori non era buona), inconsapevolmente attiriamo nuovamente nella nostra vita questo tipo di relazione. Pertanto, è molto importante sapere esattamente quale tipo di partner desideriamo. La legge della risonanza è molto severa e dovremmo saggiamente farla funzionare per noi, non contro di noi.

Di cosa avrai bisogno
Una bella carta romantica, una candela verde e un accendino

Preparativi prima del rituale
Acquista una carta carina e romantica, che per te rappresenta l'amore e l'essere innamorati di qualcuno. Descrivi lì il tuo partner e scrivi lì tutte le qualità che desideri che il tuo partner dei sogni dovrebbe avere.

Quando iniziare
Inizia un giorno dopo la luna nuova. Ogni giorno dal giorno in cui inizi fino al secondo venerdì, accenderai la candela e la farai brillare per tutto il tempo del tuo lavoro magico, quindi la spegnerai.

Istruzioni rituali
Prima di tutto, rilassa la mente e cerca di concentrarti sul momento presente e sullo scopo della tua attività magica. Concentrati sulla carta, sul partner dei sogni che desideri. Cerca di sentire il più forte possibile come ci si sente ad avere un partner così amorevole al tuo fianco. Devi sentirlo come se fosse proprio ora con te, tenendoti la mano! Quindi dì: "Nel nome di Venere, la Dea dell'amore, vieni nella mia vita!"
Concentrati di nuovo sulle qualità della carta, prova a meditare su di esse, chiedi a ciascuno della qualità "Ho questo ... (ad esempio rispetto) ... verso me stesso?" "Che cosa significa avere rispetto verso me stesso?" ... se ce l'hai, va bene, altrimenti prova a provare questa qualità nei tuoi confronti, trova una situazione in cui meriti rispetto, comprensione, cura. Fallo con ogni qualità, uno per uno. Quindi finisci il rituale e ricomincia il giorno successivo. Come terminare il rituale
Il secondo venerdì, brucia la carta e seppellisci le ceneri sotto un albero forte e sano con un potenziale di crescita. Dimentica l'incantesimo e attendi il partner dei tuoi sogni.

Incantesimo d'amore per raggiungere l'armonia nelle relazioni

Pensi che l'armonia stia svanendo? Vuoi risolverlo e rendere di nuovo la tua relazione un posto meraviglioso per entrambi? Quindi, puoi provare questo incantesimo:

Inizia il primo giorno di luna crescente.

Prendi due fagioli a crescita rapida e mettili nel terreno insieme. Prima di metterli a terra, sussurragli dentro il tuo nome e il nome del tuo partner.

Trattali ogni giorno con cura amorevole. Quando iniziano a crescere, intrecciano delicatamente le loro viti in modo che siano due uniti in uno. Ogni giorno, mentre ti prendi cura delle piante, visualizza fortemente quelle cose che vuoi avere nella tua relazione. Pensa a cosa farai meglio di prima, parla con il tuo partner nella tua mente. Visualizza con forza, quanto sei felice insieme, quanto l'armonia nella tua relazione sta crescendo sempre di più. Sentilo come se stesse accadendo di fronte a te.

Attenzione! L'amore non riguarda solo i tuoi bisogni. Pensa anche alle esigenze del tuo partner, cosa puoi migliorare per far crescere il tuo amore? La forma più pura di amore è rispetto verso il partner e dare spazio al partner per essere se stesso senza la necessità di cambiarlo.

Magia d'Amore Semplice

Candele e Rose

Scatta la tua foto e la foto del tuo partner dei sogni. Il momento migliore per eseguire questo rituale d'amore è venerdì.

Accendi una candela bianca e una rossa.

Innanzitutto, prega la preghiera del Signore e poi la lode a Maria Maddalena, o al dio indù Shiva, o alla dea vudù Erzulia.

Metti sull'altare una bellissima rosa rossa fresca. Di 'il tuo desiderio d'amore e metti insieme le foto con la cera rossa per candele. Puoi aggiungere anche lì il miele, il simbolo del dolce amore.

Metti le foto sotto la candela rossa e medita. Pensa al soggetto del tuo desiderio in modo positivo, come entrambi siete felici insieme (non della negazione, quanto è triste non essere insieme ora. I pensieri negativi non possono interferire, perché rovinano il rituale).

Dopo la meditazione prendi la rosa, la candela e le foto e scavale da qualche parte sotto un albero bello e sano con il potenziale per crescere.

Incantesimo per aumentare il potere di attrazione

Cosa ti servirà: la tua foto (la migliore foto che hai di te. Se non hai nulla di soddisfacente, vai dal professionista per realizzarne una), un calice, acqua, miele, una polvere di peperoncino, candele verdi e blu scuro , un accendino

Il momento migliore per il rituale è il periodo di luna crescente, migliore il venerdì o la domenica

Inizia il rituale lanciando un cerchio magico e purificando lo spazio rituale (puoi farlo con una preghiera o una forte visualizzazione della luce intorno a te). Accendi la candela verde e dì: "I poteri dell'amore, per favore, vieni da me e svegliati attraverso di me!" Puoi pregare per qualche divinità d'amore, con cui ti senti connesso, ad esempio Maria Magdalena, Venere o Erzulie.

Accendi la candela blu scuro e dì: "I poteri dentro di me, i miei poteri di attrazione, svegli!" Riempi il calice d'acqua e dì: "Mentre l'acqua nel calice aumenta, il mio potere di attrazione aumenta." Metti in acqua miele e peperoncino in polvere, che rappresenta la dolcezza e il fuoco di essere attraente.

Guarda attentamente la tua foto. Guarda quella faccia come se fosse qualcun altro. Osserva quanto è attraente e simpatica quella persona, cerca di trovare su quella foto il maggior numero possibile di cose attraenti, sogna e aggiungi più cose, chi vuoi diventare. Visualizzati mentre entri nella stanza. Puoi sentire sussurri, come gli altri parlano di te, quanto sei bello oggi, ecc. La visione deve essere molto vivida, con immagini, suoni, odori e sensazioni. Quando finisci, scrivi tutte le cose interessanti su di te sulla fotografia nel modo seguente: sono attraente, sono brillante, ho un bel sorriso, ecc. La cosa molto importante è definire quale tipo di partner ti piacerebbe attrarre. Essere attraenti per tutti significa che alcuni uomini ti disturberanno, altri potrebbero persino provare a ottenere ciò che vogliono con la forza !!! Quindi fai attenzione, ciò che desideri. Se vuoi essere attraente per una persona specifica, dichiaralo nel tuo rituale!

Tieni sempre il calice tra le mani. Quando la tua visualizzazione è fissa nella tua mente, respira nel calice. Sii consapevole di come l'acqua è piena di energia di attrazione. Bevi. Quindi, finisci il rituale. Metti la tua foto vicino al letto e guardala ogni sera prima di dormire e ogni mattina. Nel giorno di luna piena, brucia tutto (in modo sicuro) e lascia che le ceneri vadano in aria, in modo che il tuo desiderio possa manifestarsi.

Tornare insieme al tuo ex:

Incantesimo

Cosa ti servirà: un bruciatore a nafta con una luce da tè, 2 cucchiaini d'acqua, 6 gocce di olio di ylang, fiammiferi o un accendino, 1 candela verde 15-20 cm di altezza, 1 elastico da legare attorno alla candela, un nastro rosso (circa 1 m di lunghezza), un nastro verde (circa 1 m di lunghezza). I migliori sono quelli visti alle cacce d'amore o al palo della cuccagna durante Beltane.

Il momento migliore per eseguire l'incantesimo è durante la seconda metà della luna crescente (può essere eseguita in qualsiasi momento dell'anno, ma i migliori risultati si ottengono in primavera).

Crea un cerchio magico. Metti l'olio e l'acqua nel bruciatore a nafta, accendi la candela e prega Maria Maddalena. Prendi la candela verde con entrambe le mani e dì: "Sto dando il mio amore completo a questo palo di maggio nelle mie mani. Il vero amore sta arrivando nelle mie vita come la primavera sta arrivando dopo l'inverno ". Lega l'elastico attorno alla candela nella parte inferiore della candela. Metti una striscia di burocrazia sotto l'elastico e dì: "Il mio amore è equilibrato e portante". Quindi, ripetere questo passaggio con il nastro verde e dire "Il mio amore è forte e duraturo".

Quando hai finito, di ': "Portami il mio amore. L'amore, che è vero. "Accese la candela, prega l'ingratitudine per ciò che verrà. Meditare. Quindi, rimuovere entrambi i nastri e legarli insieme, in modo da poterli indossare al polso. Indossalo fino a quando il tuo partner dei sogni non entra nella tua vita.

Amuleto per attrazione

Cosa ti servirà: un gioiello (può essere quello che ti piace indossare frequentemente o quello nuovo, solo per questo incantesimo, il miglior argento o oro), una candela verde, qualcosa di affilato (un chiodo), un accendino, un sacrificio per la dea Venere

Il momento migliore per il rituale è il periodo di luna crescente, è consigliabile lavorare più giorni fino alla luna piena, meglio venerdì o domenica

Inizia il rituale lanciando un cerchio magico e purificando lo spazio rituale (puoi farlo con una preghiera o una forte visualizzazione della luce intorno a te). Chiama 4 arcangeli di quattro elementi per venire al rituale. Raffaello per una buona comunicazione nella tua relazione, Michele per passione, Gabriele per profonda risonanza ed emozioni e Uriel per stabilità e resistenza.

Disegna su una candela verde con l'unghia un simbolo di Venere e il tuo nome. Accendi la candela verde e dì: "Venere, il potere dell'amore, per favore, vieni a questo rituale!"

Quindi, prendi un gioiello tra le mani e visualizza fortemente come gli attributi più attraenti di te (sia fisici che spirituali, uno per uno) stanno entrando nel gioiello e fallo brillare. Quindi, chiedi agli arcangeli di caricare il tuo amuleto con le qualità di quattro elementi. Chiedi a Venere di farti brillare e attirare il miglior partner.

Protezione contro gli incantesimi d'amore indesiderati

La migliore protezione contro la magia indesiderata eseguita verso te stesso è la tua evoluzione personale e conoscenza di te stesso. Molto spesso le persone non sanno perché amano o odiano qualcuno, perché agiscono o non agiscono. Non molte persone si pongono domande, non molti sono alla ricerca del motivo per cui. Di solito la gente la pensa così: "Sì, lo amo e basta!" Queste persone sono molto sensibili alla magia e seguono ciecamente i loro pensieri ed emozioni senza chiedere, da dove provengono o consapevoli, che sono strani. Ma quando si medita regolarmente, capisce perché e cosa fa, perché è attratto da una certa persona, tali persone non possono essere influenzate magicamente così facilmente!

Cerca di capirti medita e pratica l'introspezione quotidiana! Sii curioso, perché hai determinate preferenze? Quali sono le tue priorità di vita e perché? Perché attiri un tale partner? Perché sei come sei? Se conosci risposte più profonde a tali domande, è molto difficile influenzarti attraverso la magia!

A volte è la ragione principale per rompere con un partner la magia d'amore indesiderata di qualcun altro, che vuole stare con il tuo partner e usa la magia per attirarlo. In tali casi, argomenti e persuasione non aiutano. Rende la situazione ancora peggiore. Se questo è il tuo caso, puoi provare qualche rituale, che rivelerà la verità e i veri motivi del trasgressore. Tali rituali vengono eseguiti durante la luna piena, in modo che le azioni del trasgressore possano essere viste in pieno. Siate consapevoli che la magia dell'amore indesiderata può creare l'attrazione, ma la manipolazione non è mai la strada giusta, come attrarre qualcuno per molto tempo. Secondo le leggi universali, non può durare a lungo e non può portare la felicità a un trasgressore e l'amore da parte di uno, ha ingannato.

Gli amuleti magici sono anche molto utili per la protezione magica. Ma solo se caricati da un abile mago hanno un vero potere. Il buon amuleto viene caricato per 28 giorni, da una luna nuova a una luna nuova. L'amuleto di protezione serve non solo contro l'amore indesiderato, ma protegge anche contro tutti gli attacchi magici.

Milton Keynes UK
Ingram Content Group UK Ltd.
UKHW042245020823
426203UK00001B/55